I0189974

Pedro Calderón de la Barca

No hay instante sin milagro

Barcelona **2024**
Linkgua-ediciones.com

Créditos

Título original: No hay instante sin milagro.

© 2024, Red ediciones S.L.

e-mail: info@Linkgua-ediciones.com

Diseño de cubierta: Michel Mallard.

ISBN tapa dura: 978-84-1126-002-2.
ISBN rústica: 978-84-9816-451-0.
ISBN ebook: 978-84-9953-358-2.

Cualquier forma de reproducción, distribución, comunicación pública o transformación de esta obra solo puede ser realizada con la autorización de sus titulares, salvo excepción prevista por la ley. Diríjase a CEDRO (Centro Español de Derechos Reprográficos, www.cedro.org) si necesita fotocopiar, escanear o hacer copias digitales de algún fragmento de esta obra.

Sumario

Brevísima presentación

La vida

Pedro Calderón de la Barca (Madrid, 1600-Madrid, 1681). España.

Su padre era noble y escribano en el consejo de hacienda del rey. Se educó en el colegio imperial de los jesuitas y más tarde entró en las universidades de Alcalá y Salamanca, aunque no se sabe si llegó a graduarse.

Tuvo una juventud turbulenta. Incluso se le acusa de la muerte de algunos de sus enemigos. En 1621 se negó a ser sacerdote, y poco después, en 1623, empezó a escribir y estrenar obras de teatro. Escribió más de ciento veinte, otra docena larga en colaboración y alrededor de setenta autos sacramentales. Sus primeros estrenos fueron en corrales.

Lope de Vega elogió sus obras, pero en 1629 dejaron de ser amigos tras un extraño incidente: un hermano de Calderón fue agredido y, éste al perseguir al atacante, entró en un convento donde vivía como monja la hija de Lope. Nadie sabe qué pasó.

Entre 1635 y 1637, Calderón de la Barca fue nombrado caballero de la Orden de Santiago. Por entonces publicó veinticuatro comedias en dos volúmenes y La vida es sueño (1636), su obra más célebre. En la década siguiente vivió en Cataluña y, entre 1640 y 1642, combatió con las tropas castellanas. Sin embargo, su salud se quebrantó y abandonó la vida militar. Entre 1647 y 1649 la muerte de la reina y después la del príncipe heredero provocaron el cierre de los teatros, por lo que Calderón tuvo que limitarse a escribir autos sacramentales.

Calderón murió mientras trabajaba en una comedia dedicada a la reina María Luisa, mujer de Carlos II el Hechizado. Su hermano José, hombre pendenciero, fue uno de sus editores más fieles..

Personajes

La Fe
La Extrema Unción
Dimas
El Bautismo
La Orden Sacerdotal
Agustino
La Confirmación
El Matrimonio
Pablo
La Penitencia
La Apostasía
Constantino
La Comunión
La Magdalena
Músicos

Acto único

(Salen los Músicos y, a los primeros versos que cantan, el Bautismo, niño vestido de blanco; la Confirmación, de dama; la Penitencia, de pieles; la Comunión, de dama; el Orden sacerdotal, viejo venerable; el Matrimonio, de galán; y la Extrema unción, de negro; y detrás la Fe, con corona y manto imperial.)

Músicos	El siempre felice día que al cielo ofrece la Fe, gloria a Dios la tierra dé en júbilos de alegría.	
Comunión	Entre cuantos sacramentos celebras, ¡oh Fe!, el de hoy me toca aplaudir, pues soy aumento de sus aumentos, y así, a los dulces acentos vienen de la Eucaristía...	5 10
Todos y músicos	Porque el siempre feliz día que al cielo ofrece la Fe, Gloria a Dios la tierra dé en júbilos de alegría.	
Bautismo	Si Verdad que nunca yerra, dijo que de nuestro celo se da por servido el cielo, de que se alegre la tierra.	15
Confirmación	Y, si tan gran dicha encierra, que al cielo en la tierra ve...	 20
Penitencia	...bien es que gracias le dé nuestra justa oblación pía...	

Todos y músicos	...el siempre felice día que al cielo ofrece la Fe.
Extrema Unción	El ser que por ti adquirimos, 25 obra de las manos es de Dios; Él nos hizo, pues nosotros no nos hicimos.
Orden sacerdotal	Y así, Fe, pues por ti fuimos polos de su monarquía... 30
Matrimonio	...a voz de la Eucaristía venimos todos, porque...
Todos y músicos	gloria a Dios la tierra dé en júbilos de alegría.
Fe	Pues sois los siete sus bellas 35 víctimas de Pascua, aquel carro en que me vio Ezequiel correr por campos de estrellas, me dad, diciendo a sus huellas: Sale la Apostasía
Apostasía	¿Qué ha de decir su armonía, 40 si es más lícito que día que al cielo ofrece la Fe, a Dios las gracias le dé el llanto que la alegría?
Fe	¿Por qué el llanto, si has oído 45 en el traducido verso que el día que la Fe ofrece

festivas gracias al cielo,
se da por servido? Y más
el de hoy, que incluye el Misterio   50
de los Misterios, a quien
ya lloro como cruento
en el ara de la Cruz,
conque pasando el afecto
a la del altar, es digno   55
asunto el canto, supuesto
que de pasivo a glorioso
acude a entrambos extremos,
si allá a lo cruento el llanto,
aquí el canto a lo incruento.   60

Apostasía   Si yo viniera a argüir
contra él u otro Sacramento,
no me faltaran razones
de dudar; pero no siendo
el argumento de hoy   65
particular argumento,
sino común, pues con todos
ha de hablar, cuyo pretexto
ha de resultar en ser
no ya tuyos sus obsequios,   70
¿para qué he de hablar de uno,
cuando de todos me ofendo?

Todos   ¿Pues cómo?

Fe   No respondáis,
que a vuestra Fe toca hacerlo.
¿Quién eres?, ¡oh tú!, ¿quién eres,   75
que tan torpemente ciego,
tan bárbaramente bruto,

	de diabólico, soberbio	
	espíritu poseído,	
	vienes a su culto opuesto?	80
Apostasía	Quien por más que enajenado,	
	torpe y bruto te parezco,	
	no lo soy tanto que ya	
	que me arguyes con un texto,	
	no te responda con otro.	85
	Marcos dijo en su Evangelio...	
Fe	Ahora te he conocido,	
	que quien con dañado intento	
	de sacras autoridades	
	valerse presume, es cierto	90
	ser de aquellos forajidos	
	que, apóstatas de mi gremio,	
	como ladrones de casa,	
	capaces de sus secretos,	
	estudian para ignorarlos	95
	más que otros para saberlos.	
	Y así aunque no solo seas	
	un falso apóstata, pero	
	aun toda la Apostasía,	
	que ya en ti la represento,	100
	he de oírte, porque no	
	presumas que de oírte dejo	
	por el temor de tus dogmas,	
	cuando escucharlos pretendo,	
	a fin de que te reduzga	105
	la razón con que las venzo.	
	Que si allá en mi tribunal	
	desnuda la espada tengo,	
	también tengo enarbolada	

la oliva, mostrando a un tiempo   110
justicia y misericordia,
que a eso está la Cruz en medio.
Prosigue, pues.

Apostasía   Cristo dijo
por Marcos en su evangelio
que a los que su fe admitiesen   115
seguirían los portentos
de que lanzarían demonios,
de que en idiomas diversos
nuevas lenguas hablarían,
que, las serpientes venciendo,   120
no les dañaría beber
los más nocivos venenos;
y, en fin, que darían salud
sus manos sobre el enfermo.
Asentado este principio,   125
segundo principio asiento.
En la primitiva edad
de la Iglesia, cuando fueron
candor y yugo sencillo
de sus albores primeros   130
tus no violadas purezas,
vi muchos milagros de éstos.
Dígalo Bartolomé,
ligando demonios; Pedro,
convaleciendo tullidos;   135
Juan, santiguando venenos;
Matías, de sí apartando
las serpientes; y, en efeto,
díganlo cuantos hablaron
en nuevas lenguas de fuego.   140
Pues siendo así, que estos dotes

gozaron los que creyeron,
¿qué se hicieron sus prodigios?
¿Adónde están sus portentos?,
que apenas hoy veo un milagro,   145
o es tan uno, si le veo,
que puedo, como David,
lamentar sobre su pueblo:
«Ya no vemos tus señales,
Señor; ya no conocemos   150
un solo profeta tuyo
entre nosotros»; pues siendo
así, que Dios prometió
tantos divinos misterios
a su Fe y faltar no puede   155
Dios a su prometimiento
ni tú a ser su teologal
virtud, ¿quién duda ser cierto,
pues tú a tus fieles no faltas,
el que a ti te falten ellos?   160
Sobre cuyos dos principios
de esta manera argumento:
Dios a la Fe prometió
milagros; hoy no los vemos;
luego no hay hoy Fe (en tus fieles,   165
se entiende), no hay hoy Fe; luego
no hice yo mal en dejar
de andar en su seguimiento,
ni tú bien en convidarlos
a tus devotos festejos   170
con músicas, cuando fuera
mejor con lágrimas, puesto
que te siguen con las voces
y te faltan con los hechos.

Ni con hechos ni con voces   175
me faltan, y respondiendo
con la autoridad del Magno
Gregorio (porque quitemos
el horror al primer viso
de la cuestión, advirtiendo   180
que es admitida cuestión),
a los dos principios vuelvo.
Que Dios prometió a la Fe
esos milagros, es cierto;
que esos y otros muchos vio   185
la Iglesia en su albor primero,
también es cierto; mas que hoy
no los vea, es falso. Y puesto
que asientas tú dos principios
para entrar al argumento,   190
no será mucho que yo,
para haber de responderlos,
antes que tu silogismo
resuma, asiente un ejemplo,
que quizá Blanca Paloma   195
dictó al estarlo escribiendo.
Cuando el sabio agricultor
algún plantel pone nuevo,
al despuntar de las hojas
todo es cuidar de su riego,   200
de escardillarle las malas
hierbas, de vallarle el cerco
porque malas reses no
pazcan sus pimpollos tiernos,
a quien aplica derechas   205
varas porque sus renuevos,
creciendo con el arrimo,
no se tuerzan con el peso.

Este cuidado le debe
mientras va raíces prendiendo;   210
pero en prendiendo raíces,
descuida, como diciendo:
«Yo planté, Apolo regó,
Dios le dará el incremento»;
y así no cuida de él más   215
que de visitarle atento,
a ver si le rinde frutos
sazonados a sus tiempos.
Esta misma agricultura
usó Dios en el primero   220
plantel de su Iglesia, pues
con el rojo humor sangriento
de mártires la regó,
arrancando de su centro
las malas hierbas, que eran   225
cizaña del pueblo hebreo,
y guarneciendo el vallado
de ángeles de guarda bellos,
que son su cerca; porque
no entren brutas reses dentro,   230
previno en las rectas varas
de justicia, al ir creciendo,
arrimos de confesores,
predicadores y maestros,
de suerte que de su viña,   235
si la parábola acuerdo,
cada vid era un asombro,
un pasmo cada sarmiento,
porque conoció que entonces
eran necesarios; pero   240
prendidas ya las raíces,
pues en todo el universo

no hay lugar en que no suene
de su semilla el aumento,
¿para qué ha de hacer milagros,   245
y más, visibles, teniendo
en los invisibles hoy
ejercitados los mesmos?,
que fue lo que dije, cuando
dije que haberlos fue cierto   250
y falso el que no los haya.
Para cuyo entendimiento,
a resumir lo formal
de tu silogismo vuelvo.
Dios a la Fe prometió   255
altos milagros: concedo
la mayor, en que no puede
faltar su prometimiento;
hoy no los vemos: distingo
la menor: hoy no los vemos   260
tan visibles como entonces,
porque no hay para qué haberlos,
concedo; luego no hay Fe
porque no hay milagros: niego
la consecuencia, que hoy   265
los hay tanto más supremos
y más sobrenaturales,
cuanto va de extremo a extremo,
desde lo inmortal del alma
a lo caduco del cuerpo.   270
Y así, bien puedo llamar
mis fieles a mis festejos,
pues en la ejercitación
de mis siete sacramentos
no hay instante sin milagro.   275

Apostasía	Eso es lo que yo no entiendo
	ni entenderé mientras no
	me des visibles efectos
	de milagros invisibles.

Fe	Sí haré; y pues aquí nos vemos,	280
	ser representable idea	
	de alegórico concepto	
	en quien retóricos tropos	
	no dan ni lugar ni tiempo,	
	volvamos atrás los siglos,	285
	y la paridad corriendo	
	de lo visible a invisible,	
	sea el ejemplo primero	
	la primera que me dio	
	asunto para el ejemplo.	290
	¿Quién está en aquel retrete?	

(Ábrese en lo alto del primer carro un retrete, en que estará Magdalena en acción de que se está tocando.)

Apostasía	Una dama a quien el pueblo	
	la pública pecadora	
	llama, no sé si por serlo	
	o porque a él se lo parece,	295
	que en él viene a ser lo mesmo,	
	como vaya a lo peor,	
	el pensarlo que el creerlo.	

Fe	¿En que ocupación se halla?

Apostasía	El vulgo de su cabello	300
	a blanda prisión reduce,	
	si es que hay prisión para el viento,	

que le mueve ya esparcido,
ya reducido y ya suelto,
y entre fragrantes delicias   305
de aromáticos ungüentos,
la tez ungiendo a matices
y a perfumes los arreos,
los siete mortales vicios,
por quien algunos dijeron   310
que siete espíritus reinan
en ella, comete a un tiempo,
pues sin perdonar ninguno,
dice hablando con su espejo:

Magdalena   Soberbia hermosura, ya   315
que nadie huyó de tu incendio,
¿para qué, avara de aplausos,
intentas con usos nuevos
despertar la no dormida
lascivia de los afectos?   320
Mas bien haces, que no hay
más ira en mis sentimientos
que ver que en ti no se cebe
la gula de los deseos,
siendo mi envidia el que haya   325
segundo merecimiento
para otra belleza. Vence,
pues, la pereza y saliendo
a ver y ser vista, arrastra
de todos los pensamientos,   330
que nada aventuras, pues
son tan neutrales trofeos,
que, aunque se vengan contigo,
se sabrán quedar con ellos.
Desaparece.

Fe   ¿Hasla oído?

Apostasía   Que el ungirse   335
                      y perfumarse es a efecto
                      de vanidad vi, mas no
                      de sus desvanecimientos,
                      qué inferir piensas.

Fe   No importa;
                      baste ahora entre devaneos   340
                      y espíritus ver aromas
                      de olios, bálsamos y inciensos.
                      Y pues que no ha de quedar
                      aquí la experiencia, demos
                      otro paso más al siglo.   345
                      ¿Quién en aquel monte excelso
                      dice?

(En el segundo carro, Dimas, de bandolero.)

Dimas   ¡Ah del valle!

Voces (Dentro.)   ¡Ah del monte!

Dimas   Alerta, que pasajeros
                      desde Jericó a Sión
                      atraviesan; al encuentro   350
                      conmigo salid, y mueran
                      todos, que no me contento
                      con quitarles las haciendas,
                      si con la vida les dejo,
                      el día que de delitos   355
                      hidrópico me alimento.

(Escóndese.)

Él y voces	A la senda, al monte, al llano.

Fe	¿Quién es, a preguntar vuelvo?

Apostasía   Quién quieres que sea, sino
                           un ladrón que, bandolero   360
                           de estos montes, de ser vive
                           pirata de sus desiertos
                           y alimentado de robos,
                           homicidios y adulterios;
                           es de aquellos por quien dijo   365
                           Job, encareciendo en ellos
                           la facilidad con que
                           pecan, de pecar sedientos,
                           que se beben los pecados
                           como agua; pero de esto,   370
                           ¿qué sacas?

Fe   No más de que
                           ser los pecados venenos
                           del alma, es común sentencia
                           de padres. Y así, dejemos
                           que los beba como agua   375
                           Dimas; y a otro asunto yendo,
                           ¿quién viene en aquel caballo?

(En el tercer carro, Saulo, a caballo.)

Apostasía   Quien la Iglesia persiguiendo,
                           contra ella dice:

Saulo	Pues letras	
	de la sinagoga llevo	380
	en el seno, donde va	
	también mi aborrecimiento,	
	en odio de aquesta nueva	
	ley de Jesús Nazareno,	
	Rey de Judíos; ninguno	385
	de cuantos su voz siguieron	
	vivo ha de quedarme; sea	
	Damasco, pues de aquí veo	
	ya sus elevadas torres,	
	primer teatro sangriento	390
	en que sañudas se ceben	
	las víboras que en mi pecho	
	se alimentan de la ira	
	que contra esta gente engendro.	

(Desaparece.)

Apostasía	¿Qué sacas de esto?	
Fe	Tampoco	395
	sacar por ahora quiero	
	más de que quede asentado	
	que lleva Pablo en el pecho	
	letras y víboras juntas.	
	Y a otro siglo trascendiendo,	400
	¿quién está en aquel alcázar?	

(En el cuarto carro, Constantino, ensangrentados rostro y manos.)

Apostasía	Si de sus señas me acuerdo,	
	que como es gentil no tuve	
	de él otro conocimiento,	

	Constantino es.	
Fe	¿En qué acción	405
	se halla?	

Apostasía	De lepra cubierto,
	que, al fin, contra los achaques
	no hay poder en los imperios,
	emperador y leproso,
	dice:

Constantino	Perdóneme el cielo	410
	ser con otros cruel, por ser	
	piadoso conmigo mesmo,	
	que la buena caridad	
	de sí empieza; y pues no tengo	
	más remedio que los baños	415
	de humana sangre de aquellos	
	que ni de vicios ni humores	
	la engendraron, al momento	
	perezcan en su primera	
	edad los infantes tiernos	420
	que al cuchillo destinados	
	para mi salud prevengo.	
	Mueran ellos y yo viva	
	sin este horrible, este feo	
	asqueroso mal, pues no	425
	hay para mí otro consuelo	
	sino que inocente sangre	
	haya de ser su remedio.	

(Desaparece.)

Apostasía	Dejémosle para el baño

de inocente sangre expuesto 430
y vamos a qué fin quieres
que me represente el viento
réprobas sombras, si es
probar virtudes tu intento?
¿Quién para probar virtudes 435
se valió de vicios, puesto
que un facineroso allí
alegas, allí un soberbio
espíritu encarnizado
contra ti mismo; allí luego 440
una hermosura, indiciada
de más peligros que el serlo;
y allí en fin, un contagioso
dolor, que de manchas lleno
es símbolo del pecado, 445
especialmente el primero,
pues cunde de unos en otros
pegadizo.

Fe   Oye, que siendo
cinco los milagros que
en la cuestión has propuesto, 450
cinco han de ser los que den
solución al argumento.

Apostasía   ¿Y quién ha de ser el otro?

Fe   Aquel africano ingenio
que a la sombra de una higuera 455
leyendo está y discurriendo;
¿conócesle?

(Agustino, en lo bajo de un carro, donde habrá una higuera, leyendo.)

Apostasía	Si dijiste
	que no solo represento
	un apóstata, mas toda
	la Apostasía, mal puedo · 460
	no conocer a Agustino
	más que por su entendimiento
	por discípulo de Manes,
	que fue el que dio al maniqueo
	nombre, en cuya escuela y cuya · 465
	doctrina estudia, diciendo:
Agustino	Gran repugnancia me hace
	esta opinión, que aunque llevo
	siempre la de Manes, no
	sé si me conforme en esto. · 470
(Lee.)	«Yo soy la luz del mundo» dice
	Cristo hablando a los hebreos,
	en cuya palabra funda
	que ese hermoso, que ese bello
	astro del Sol, que en oriente · 475
	coronado de reflejos
	nace y, desplegando sombras,
	muere en occidente, siendo
	árbitro del día y la noche,
	es el Hijo de Dios mesmo, · 480
	porque luz del mundo nadie,
	si no es él, pudiera serlo.
	Bien dijo hasta aquí; mas no
	desde aquí, si considero
	que cree a la luz de los ojos · 485
	sin la del entendimiento,
	pues no distingue visible
	e invisible luz. En esto

hay mucho que discurrir;
y pues no faltará tiempo   490
en que opuesto me declare
a esta opinión, no por eso
he de dejar de seguir
las demás del Maniqueo;
mayormente en las que esté   495
a la católica opuesto,
hasta llegar a poner
a todo el romano gremio,
o llórelo o no lo llore
Mónica, en tan grande estrecho   500
que entre sus preces añada
pedir que la libre el cielo
de lógicas de Agustino.

(Desaparece.)

Apostasía   Nadie habló, para mi intento,
                    ni más contra ti ni más   505
                    en mi favor.

Fe   Ya lo veo,
                    pero el frase en que lo habló
                    me observa.

Apostasía   Sí haré; y pues vemos
                    cabales los cinco asuntos,
                    di ¿de ellos qué sacas?

Fe   Eso   510
                    el tiempo lo ha de decir,
                    que aunque ya lo ha dicho el tiempo,
                    como no le has entendido,

para que le entiendas quiero,
a fuer de Fe, porque tú   515
te delates a ti mesmo,
darte tiempo en que lo pienses,
por darte merecimiento
en que lo confieses.

Apostasía   No
a cuenta de piedad eso   520
me pongas, pues, que no es
sino haber hallado medios
de dilatar la cuestión
con fantásticos rodeos
por no darte por vencida;   525
y así, pues yo me contento
por hoy con haber turbado
tu religioso festejo,
el plazo que a mí me das
tómale para ti, haciendo   530
que lo que a mí no me ha dicho,
a ti te lo diga el tiempo.

(Vase.)

Fe   Sacras columnas, en cuyo
no agobiado fundamento
descansa el triunfante Impíreo,   535
todo el militante imperio;
pues vuestra definición
es, a piedades del cielo,
el ser visible materia
de invisible gracia, siendo   540
signos de cosas sagradas
que en material elemento

os dejáis ver a los ojos,
debajo de cuyo velo,
divina virtud incluye   545
oculta salud, haciendo
en exteriores señales
interiores los efectos.
Ese abortivo, ese espúreo
hijo de la Fe, que, nervio   550
cancerado, infestar piensa
todo lo demás del cuerpo,
vuestros continuos milagros
duda. Pues os di sujetos
en que realmente visible   555
vuestros altos ministerios
prueben lo invisible, vea
él y vea el mundo entero
la virtud que vuestros signos
muestran fuera y obran dentro.   560

Bautismo   Yo te ofrezco hacer que vea,
en práctico real ejemplo,
que en el baño del Bautismo
cobra salud el enfermo.

(Al carro de Constantino.)

Confirmación   Yo, que el que una vez esté   565
confirmado en tus preceptos,
habla nuevas lenguas.

(Al carro de Agustino.)

Penitencia   Yo
no solo a probar me ofrezco

que el que, expuesto a penitencia,
escupe el mortal veneno   570
de la sangre de la hidra
que bebió, de él sana; pero
que también todos los siete
mortales vicios, que fueron
de siete espíritus voz,   575
huyen de un vocal aliento
atemorizados.

(Vase el carro de la Magdalena.)

Comunión   Yo,
que soy la Comunión, yendo
tras la Penitencia, haré,
pues soy de la gracia aumento,   580
que mi antídoto divino
también arranque del pecho
las víboras, que la mano
al fuego arroje.

(Al carro de Saulo.)

Orden sacerdotal   Yo, siendo
el Orden Sacerdotal,   585
fuerza es que vaya tras ellos
a mostrar, administrando
sus causas y sus efectos,
que quien dijo Sacerdocio,
dijo juez, ministro y maestro.   590

(Vase.)

Extrema Unción   Y yo tras él, pues mi extrema

caridad en los sucesos
es ver el fin, y, según
la Canónica de Diego,
al presbítero le toca   595
asistir hasta el postrero
trance de la vida, como
salud del alma y del cuerpo.

(Vase.)

Matrimonio   Pues de los cinco milagros
                  que propuso el Evangelio   600
                  se han encargado los seis,
                  aunque la letra del texto
                  lugar no dé al Matrimonio,
                  supernumerario ofrezco
                  todas sus seis maravillas   605
                  en mí continuadas.

(Vase.)

Fe   Cielos,
                  pues le di plazo en que pueda
                  hablar con su pensamiento,
                  concededme que ese monstruo,
                  antes que empuñe el acero   610
                  o antes que encienda la oliva,
                  reconozca que no quiero
                  la muerte del pecador,
                  sino su arrepentimiento.

(Vase.)

(Sale la Apostasía y el Pensamiento.)

Apostasía	Detente, Pensamiento.	615

Pensamiento	Más fácil es querer parar el viento,	
	que en él se da distancia	
	y en mí no, pues desde una misma estancia	
	bajar puedo y subir de un mismo vuelo	
	de la tierra al abismo y de él al cielo.	620

Apostasía	Con todo has de pararte	
	a mi fuerza esta vez.	
	Luchan los dos.	

Pensamiento	Será cansarte	
	en vano, que si llegas a los brazos,	
	no solo desasirme de sus lazos	
	podré, pero primero	625
	que tú tras ti me lleves, si yo quiero,	
	te traeré yo tras mí.	

(Llévale tras sí.)

Apostasía	Suéltame, digo,	
	que yo te seguiré, porque testigo	
	sea ese azul dosel de cuán violento	
	hoy me arrastra mi mismo Pensamiento;	630
	y ya que por vencido	
	me doy, ¿dónde me llevas?	

Pensamiento	Si he sabido	
	que el plazo que te ha dado	
	la Fe en aquel pasado	
	duelo intelectual, ha sido a efecto	635
	de que pienses el místico concepto	

que incluyen las figuras y las sombras
que te representó ¿de qué te asombras
que, siendo el Pensamiento
quien las ha de apurar, discurra el viento,   640
por si en él vuelvo a vellas,
y te las traigo a ver qué infieres de ellas?

Apostasía   Eso mismo quería
pedirte yo; y pues es alegoría,
los siglos discurramos   645
segunda vez, a ver si es que encontramos
segundas señas suyas.

Pensamiento   No lo dudes,
que siendo el Pensamiento a quien acudes,
¿quién quita al Pensamiento
que finja fantasías en el viento?   650

Apostasía   Dices bien; y pues no se dijo acaso
que la imaginación suele hacer caso,
vamos corriendo entupecidos velos.

Pensamiento   ¿Cuál el primero fue de tus desvelos?

Apostasía   El ver a Magdalena   655
de tan soberbias vanidades llena
que en la pronunciación de siete vicios,
si no evidencias, motivaba indicios
de reinar siete espíritus en ella;
con que al verse tan bella   660
a su espejo decía:

(Sale Magdalena, como asustada.)

Magdalena	Huyendo he de ir aun de la sombra mía,
	porque según me asombra,
	temo que, tropezándome en mi sombra,
	me he de impedir la dicha de que llegue 665
	a aquellos pies (a aquellos
	cielos, diré mejor) donde me ciegue
	el llanto, cuando al arrojarme a ellos
	el raudal de mis lágrimas los riegue,
	los enjugue el cendal de mis cabellos. 670
Pensamiento	¡Qué notable portento!
Apostasía	Pasme yo, pues pasmó mi Pensamiento.
Magdalena	Mas ¡ay!, que a tales pies ¿cómo me atrevo
	a llegar si conmigo a mí me llevo?
	Pero no desconfíe mi esperanza, 675
	que es Hombre Dios y la desconfianza
	tal vez le ofenderá más que el delito;
	y más si solicito
	no llegar a sus ojos
	sin llevar arrastrando los despojos 680
	que canten su victoria.
	Va arrojando lo que dicen los versos.
	Toma Soberbia, de tu vanagloria
	los airones, que al aire que los riza
	di, que pues fueron llama sean ceniza.
	Las plumas
	Tú, Avaricia, tus joyas toma en esas 685
	ayer brillantes luces y hoy pavesas.
	Las joyas
	En la adobada piel, Lascivia, toma
	el humo de tu más fragrante aroma.
	Los guantes

Toma tú mi quebranto,
Ira, pues ya no hay ira donde hay llanto.   690
El pañuelo
Insaciable deseo,
cuyo ropaje es gula del aseo,
toma el matiz de tus tejidas flores.
El manto
Tú, Envidia, si eres áspid, toma flores.
Las cintas del tocado
Y porque llegue yo con más presteza,   695
quédate tú con todo, vil Pereza,
que solo ha de ir conmigo
este pístico nardo a ser testigo,
que derramado lave mi pecado
a los pies del que es olio derramado.   700

(Vase.)

(Al entrarse va a seguirla la Apostasía, y sale deteniéndole la Penitencia.)

Apostasía	Deténla, Pensamiento, que, aunque sea
	esto alusión de imaginada idea,
	llegar a embarazar su curso quiero.

Penitencia	No podrás, sin que llegue yo primero
	a que nadie la impida, 705
	que corre a cuenta de mi honor su vida.

| Apostasía | ¿Quién eres, que me asusta tu presencia? |

| Penitencia | No me espanto, que soy la Penitencia. |

| Apostasía | Ahora me acuerda la cuestión primera, |
| | que entre los Sacramentos de otra era   710 |

te vi, con que me admira más tu intento;
porque en ésta aún no había sacramento,
que de absolver te diese la licencia.

Penitencia

Es verdad, pero había penitencia,
que es lo mismo que ahora represento;   715
porque mejor se arguya,
si esto pude cuando era sombra suya,
lo que podré con tan feliz aumento,
como elevarme Cristo a sacramento,
cuando resucitado   720
me dio la potestad contra el Pecado.

(Vase.)

Apostasía

¿Qué es esto, Pensamiento?

Pensamiento

No sé lo que decirte quiso el viento.

Apostasía

Ni yo, porque decir que Magdalena
llegó a los pies de Cristo de amor llena,   725
nada hace a la pasada cuestión mía,
que es historial y yo me lo sabía;
y en cuanto a ser en fe de Penitencia,
tampoco importa a nuestra conferencia.

Pensamiento

A otra sombra pasemos,   730
quizá lo que de aquesta no entendemos,
entenderemos de ella;
¿cuál es, me di, la que se sigue?

Apostasía

Aquella
que un ladrón me propuso, de quien era
la acción decir...

Voces (Dentro.)	¡Crucificado muera!	735

Apostasía   ¿Qué es esto?

Pensamiento   La justicia,
castigar pretendiendo la malicia
con que de aquestos montes
poblaba de terror los horizontes,
a ellos le trae, tú sabes con quién pero   740
no sabes a qué fin; que le veas quieroa él solo en el
suplicio; y si se advierte,
es (pues la Fe en su historia repetida
te acordó los errores de su vida)
porque yo aquí con aprehensión más fuerte   745
te acuerde los aciertos de su muerte,
por si el asunto de hoy luces percibe
en las sombras que adquiere,
al verle allá cuán libremente vive
y al verle aquí cuán tristemente muere,   750
cuando el suspiro con que el aire hiere,
es decir:

(Ábrese el monte, y véese en él Dimas en la cruz, desnudo como le pintan.)

Dimas   Pues que muero justamente,
matadme a mí; dejad al que inocente
no merece morir. Y, pues culpado,
confieso tu inocencia y mi pecado,   755
ten en premio, Señor, de esta concordia,
en tu Reino de mí misericordia.
Ciérrase el monte y vuelve la Penitencia

Apostasía   Aunque como antes dije, solo sea

esto aprehensión de imaginada idea,
tanto enciende su lástima mi ira,   760
que antes que logre el bien por quien suspira,
llegar a rematar su vida quiero.

Penitencia   No hagas tal, sin que llegue yo primero.

Apostasía   ¿Otra vez, Penitencia, te me opones?

Penitencia   Y otras mil; mayormente en dos acciones   765
en que tanto mi mérito interesa;
pues Magdalena a Cristo halló en la Mesa
y Dimas en la Cruz.

Apostasía   ¿Y qué intereso,
ni en Cruz, ni en Mesa yo de todo eso
para mi conclusión?

Penitencia   La consecuencia   770
de ser los tronos de la Penitencia.

(Vase.)

Apostasía   ¿La consecuencia
de ser los tronos de la Penitencia?
¡Oh Mesa! ¡Oh Cruz! Pero ¿de qué me aflijo,
si al caso en uno ni otro, nada dijo,   775
que haga en favor, ni en contra a mis desvelos?
Pues cuanto dijo fue...
Vuelve Saulo en el caballo, y cae al tablado.

Saulo (Dentro.) ¡Valedme, cielos!

Apostasía   Mas ¿qué es esto?

Pensamiento	Despeñado
	del caballo en que lo viste
	Saulo cayó.

Saulo	¡Ay de mí triste!	780
	Quédase sin movimiento.	

Apostasía	Pues es quien más declarado
	contra la Fe se mostró,
	llegar a ampararle quiero.

(Sale la Comunión, deteniéndole.)

Comunión	Eso no, porque primero	
	llegaré a ampararle yo.	785

Apostasía	¿Quién eres, que tu presencia
	también me da admiración?

Comunión	¿Quién sino la Comunión
	vino tras la Penitencia?

Apostasía	Ya que he sabido quién eres,	790
	no disputando tu ser	
	lo que pretendo saber	
	de ti, es ¿cómo, o por qué quieres	
	dar favor a tu enemigo,	
	pues ninguno se mostró	795
	más contra la Iglesia? ¿No	
	es Saulo el que hizo testigo	
	al mundo, de que llevaba	
	más víboras en el pecho	
	que letras, cuyo despecho	800

	todo el hebraísmo alaba	
	por su mayor celador?	
Comunión	Sí, y aún por eso su vida	
	me importa, que esta caída	
	nace de tan superior,	805
	causa, que puedo decir,	
	que si en otras suele ser	
	el subir para caer,	
	él cayó para subir.	
Apostasía	Sí, ¿pero a ti qué te va	810
	más en su raro suceso,	
	que a otros Sacramentos?	
Comunión	Eso	
	el efecto lo dirá,	
	cuando a honra de Dios y mía	
	la Fe te dé la razón.	815
	Llega ella a Saulo y él se retira.	
Apostasía	¡Oh cuanto la Comunión	
	asombra a la Apostasía,	
	pues ni responderla sé,	
	ni a embarazarla me atrevo!	
Comunión	¡Oh tú, en quien hoy labra nuevo	820
	vaso de elección la Fe!	
	¡Saulo! ¡Saulo!	
	Levántase como ciego.	
Saulo	¿Quién me llama?	
Comunión	Quien más tu vida desea,	

para que tu pluma sea
alto clarín de su fama. 825

Saulo   Ni hablarte, ni verte puedo,
que en un instante veloz,
entre una luz y una voz,
tan sin voz y sin luz quedo,
que no sé, iay de mí!, ni sé, 830
aunque sé que vi y oí,
lo que oí, ni lo que vi;
pues tan fuera de mí fue,
de un relámpago cercado
y de un trueno estremecido, 835
verme al estruendo caído
y al esplendor levantado,
que a distinguir no me atrevo
si fue en espíritu o fue
en carne, que solo sé, 840
que tan raro, que tan nuevo
rayo, que a cegar obliga,
y callar lo que contiene,
será porque no conviene,
que el hombre al hombre lo diga. 845

Comunión   Ven conmigo, que a tres días,.
que tu éxtasis durará,
para tu salud dirá
lo que has de hacer Ananías.

Saulo   ¿Qué podrá decirme más, 850
que lo que, no viendo, veo,
pues contra estímulos creo
no prevalecer jamás?

(Vanse los dos.)

Pensamiento	Pues nada hasta aquí convino
	a tu intento de los tres, 855
	pasemos a ver qué es
	lo que dice Constantino.

Apostasía	Pasemos, pues, que no acaso,
	Pensamiento, me le ofreces
	entre las breñas de un monte, 860
	diciendo a voces:

Constantino (Dentro.) ¡Silvestre!,

¡Silvestre!, si no a mis ecos,
a mis lástimas atiende.
No temeroso de mí

(Sale.)   hoy te escondas, hoy te ausentes, 865
que solo vengo en tu busca,
porque al ver armadas huestes,
no puedas recelar que es
buscarte para prenderte.
No, pues, las bóvedas grutas 870
te escondan cuando... ¡aquí hay gente!
Sin duda serán cristianos
de los que estos montes tienen
por asilo ¡Amigos! No
temáis ni hablarme, ni verme, 875
que aunque vuestro Pastor busco,
es a fin tan diferente,
como a que me dé la vida,
en vez de darle la muerte.
Y porque os aseguréis 880
de la causa que me mueve,
y no le ocultéis, sabed

que esta contagiosa peste,
a quien dieron por remedio
baños de sangre inocente, 885
pudo obligarme a que usase
de medicina tan fuerte.
Dispuesto a ella estaba, cuando
entre las vagas especies
de un profundo sueño, vi, 890
en anciano reverente
aspecto, un hombre vestido
de pontificales vestes,
con tres cruces en la mano
y tres coronas la frente. 895
Este me dijo, que en busca
del Pontífice viniese
vuestro, que él me sanaría
con medicina más leve
y a menos costa de sangre; 900
y pues es mi intento éste,
no le recatéis de mí,
decidme dónde...

Apostasía   Suspende
la voz, que no solo no
sabemos dónde se albergue, 905
mas no sabemos tampoco,
que el Pontífice tuviese
ésa ni otra potestad.

Constantino   ¿Quién, cielo, habrá que me adiestre
dónde hallarle pueda?

(Sale el Bautismo.)

Bautismo	Yo.	910

Constantino	Hermoso niño, ¿quién eres?

Bautismo	Soy quien de toda la infancia	
	a cargo la salud tiene;	
	pues aun el adulto, que	
	más provecta edad adquiere,	915
	el día que yo le asisto,	
	tanto se rejuvenece,	
	que como el más tierno infante	
	a nacer de nuevo vuelve.	
	Y así, agradecido al ver	920
	que el ceño en piedad conviertes,	
	a guiarte vengo, donde	
	a la orilla de una fuente,	
	trocando la sangre en agua,	
	a honor de aquella corriente	925
	que manó agua y sangre, está	
	esperándote Silvestre,	
	para que del contagioso	
	achaque de que adoleces,	
	convalezcas: ¡ven conmigo!	930

Constantino	Aunque tú no lo dijeses,	
	te siguiera yo, al mirar	
	la inmensa gracia que tienes.	
	Vanse los dos.	

Apostasía	¿Qué mucho, si es el Bautismo,	
	a quien no es posible niegue	935
	la gracia yo?, que no fuera	
	apóstata, si no fuese	
	bautizado; y pues de tantas	

	sombras, hasta aquí no infieren	
	nada de alivio mis dudas,	940
	vamos donde las consuele	
	mi última esperanza.	

Pensamiento   Dime,
¿cuál es?

Apostasía   Que me representes,
Pensamiento, aquel temor,
con que de la Fe previno   945
decir el triste clamor:

Músicos (Dentro.)   De lógica de Agustino,
líbranos, Señor.

Pensamiento   No solo mis fantasías
caso hacen en que lo pienses,   950
mas también en que lo escuches.

Apostasía   No hay cosa que mejor suene
a mis oídos; y así,
oye, por si a decir vuelve
el repetido favor,   955
que en alas del viento vino,
para templar mi furor.
Voz dentro, de mujer.

Voz de mujer   Del ingenio de Agustino
duélete, Señor.

Apostasía   Mas ¿qué es esto?

Pensamiento   Al mismo tiempo,   960

que de la Iglesia las preces
el canto entonan, el llanto
de Mónica las convierte
en lágrimas.

Apostasía   ¡Cuánto siento,
que canto y llanto se mezclen,   965
al tiempo que él a la orilla
del mar, a uno y otro atiende;
porque del pasado error
en que discurrió, imagino
que oír le dé luz superior!   970

(Sale Agustino, oyendo a entrambas partes.)

Músicos   De lógica de Agustino.

Voz de mujer   Del ingenio de Agustino.

Músicos   Líbranos, Señor.

Voz de mujer   Duélete, Señor.

Agustino   ¿Qué bajel en alta mar,   975
contrastado de inclementes
contrarios vientos corrió
jamás tormenta tan fuerte,
como mi imaginación,
a quien a un tiempo acometen   980
de la Iglesia y de mi madre
los dos suspiros ardientes?
¿Quién soy yo, que aquel temor
iguala con este amor,
diciendo ambos de contino?   985

Él y Músicos	De lógica de Agustino.
Él y voz de mujer	Del ingenio de Agustino.
Músicos	Líbranos, Señor.
Voz de mujer	Duélete, Señor.

Agustino

Y más al tiempo, que vagos   990
mis estudios no comprenden
la opinión de Manes, cuando
(si a ella mi discurso vuelve)
asienta que es Luz del Mundo
el Sol; de que serlo infiere   995
el Hijo de Dios, supuesto
que él es solo el que ser puede
Luz del Mundo, sin ver que es,
ya lo dije, deficiente
Luz, que en el oriente nace   1000
y muere en el occidente.
Y si el Hijo de Dios fuera,
alumbrara permanente
días y noches, sin que
por esos rumbos celestes   1005
fuera el Hijo de Dios, fuera
Luz que nace y Luz que muere...
si ya no es... (¡quién se explicara!)

Pensamiento

A otra duda pasa.

Apostasía

Atiende.

Agustino

...si ya no es digo, que hable   1010

del Hijo de Dios en este
sentido, como Dios Hombre,
que en tal caso, bien conviene,
que como divino alumbre,
quien como humano padece.   1015
Y ya que dije Hombre, y Dios,
¿qué ingenio no se suspende,
qué discurso no se pasma,
qué labio no se entorpece,
al pensar cómo será   1020
misterio tan eminente,
como que el Padre por acto
del entendimiento engendre
al Hijo, de cuyo amor
el Espíritu procede,   1025
y siendo tres en Personas,
sean un Dios solamente?
¡Oh, qué de contrariedades
a cada paso hallo entre
opiniones que se estudian   1030
y Escrituras que se leen!
Pero no por eso, no,
de seguir mis dogmas deje,
negando a la Fe milagros
que mi discurso no entiende,   1035
porque un Poder y un Amor,
una Ciencia en Uno y Trino
da a este argumento valor.

(A un lado la Música y a otro la Voz de mujer.)

Músicos (Dentro.)   De lógica de Agustino.

Voz de mujer (Dentro.) Del ingenio de Agustino.   1040

Músicos	...líbranos Señor.
Voz de mujer	...duélete Señor.

Agustino

¡Mas ay! Que al ir a formarle
segunda vez me divierten
música y llanto: si tanto   1045
con Dios uno y otro pueden,
alcancen de Él que ilumine
mis sentidos; mayormente
si es verdad que es Luz del Mundo;
porque mientras no penetre   1050
su arcano misterio no
sosegaré.

Bautismo (Dentro.)   No lo intentes

Agustino   ¿Cúya será aquesta voz?

(Sale el Bautismo.)

Bautismo   De quien...

Apostasía   El Bautismo vuelve.

Bautismo

...a fuer de fuente, supuesto   1055
que corren al mar las fuentes,
del monte viene a su orilla,
llamado piadosamente,
de lo que la Iglesia canta
y lo que Mónica siente   1060
a decirte, cuán en vano,
tan alto imposible emprendes;

pues fuera más fácil, que
yo con esta concha a breve
estrecha cárcel de arena,   1065
gota a gota redujese
todo ese monte de espuma,
todo ese campo de nieve,
que comprender tú misterio
que aun el ángel no comprende.   1070

(Vase.)

Agustino   Oye, aguarda, que no has de irte
                      sin que yo sepa quién eres.

Bautismo (Dentro.)   Si me alcanzas lo sabrás.

Agustino   Déme alas el tiempo, déme
                      plumas el viento, con que   1075
                      hasta que le alcance vuele.

(Vase.)

Apostasía   Si tras el Bautismo va
                      y le alcanza, se me pierde
                      el mayor ingenio mío;
                      iré a estorbarlo.

(Sale la Confirmación.)

Confirmación   Detente.   1080

Apostasía   ¿Quién eres tú, que pararme
                      solicitas?

Confirmación	¿Quién ser puede
	sino la Confirmación
	la que al Bautismo sucede?
	Y pues me importa que a él 1085
	alcance porque a mí llegue
	¿qué te admira que sea quien
	te pare a ti, y de él espere,
	cuando en sus Retractaciones
	pasados yerros enmiende, 1090
	que confirmado en la Fe
	mis altos triunfos aumente?
(Vase.)	
Apostasía	Aunque quisiera seguirle,
	no puedo; pero ¿qué teme
	mi alto espíritu? Pues, cuanto 1095
	el Pensamiento me ofrece
	en las repetidas sombras,
	que para que yo las piense,
	la Fe me propuso, no
	solo acobardarme debe, 1100
	sino alentarme, supuesto
	si en ellas mi ingenio advierte,
	que más en mi intento prueban,
	y más en mi favor vienen
	a resultar, que en el suyo. 1105
(Sale la Fe.)	
Fe	¿De qué suerte?
Apostasía	De esta suerte.
	Mi primer proposición

fue, que hubo en tus fieles Fe
que hoy no hay. La tuya fue
que hoy como entonces lo son, 1110
representóme tu acción
una mujer divertida,
una escandalosa vida,
un espíritu furioso,
un emperador leproso 1115
y una ciencia pervertida.
Plazo en que en ellos pensase
me diste, y mi Pensamiento
me las repitió en el viento,
sin que a más el verlos pase 1120
que a que uno y otro mudase
de afecto; y dado que sean
milagros el que se vean
reducidos, cuánto es
más en abono mío, pues 1125
cuando milagros se crean,
son de entonces, no de ahora
que es lo que yo a probar voy.
Y siendo así que no hay hoy
Fe, que uno ni otro mejora, 1130
¿quién de nuestra lid ignora,
si en los milagros que tray
hoy mi Pensamiento, cay
cuán en mi favor estuvo
el probar yo que los hubo, 1135
sin probar tú que los hay?

Fe   Porque de una vez no ignores,
que en convalecidos males
hay exteriores señales
de remedios interiores, 1140

haz que en esos mismos loores
te acuerde a ti el Pensamiento
los milagros que a este intento
el Evangelio te dio;
iréte acordando yo   1145
los de cada Sacramento.

Pensamiento   Que demonios lanzarían,
                       una fue de sus promesas.

Fe   Pues sea su cumplimiento
                       el ver allí a Magdalena,   1150
                       al ir, de ellos poseída,
                       y al volver de ellos absuelta,

(Vuelve el carro, que fue de retrete, convertido en gruta, y véese Magdalena en
hábito penitente delante de una cruz.)

                       trocar retretes a riscos,
                       blandos estrados a breñas;
                       mullidos catres a espinas;   1155
                       y ricas galas a jergas.
                       El espejo, que antes fue
                       lisonja de su belleza,
                       ya lo es de su desengaño,
                       pues dice deshecho en perlas: 1160

Magdalena   Si pública pecadora
                       el vulgo me llamó, sean
                       testigos, no solo el vulgo,
                       mas cielo, Sol, Luna, estrellas,
                       montes, mares, troncos, flores,   1165
                       fuentes, aves, peces, fieras,
                       que en pública penitente

la fama el nombre me trueca.
Y no sin autoridad,
pues en las divinas letras,   1170
el buen olor es la fama;
y siendo también en ellas
el pístico nardo, fe,
y yo quien con fe le vierta
en sacra unción, cuyo aroma   1175
de buen olor dejó llena
toda la casa, ¿qué mucho
que partícipe pretenda,
a merced de sus piedades,
valerme de él, porque vean   1180
los mortales, que la mala
fama convertida en buena,
logre, que malos en buenos
espíritus se conviertan?

Fe   En su éxtasis la dejemos   1185
                elevada; y di que vuelva
                tu Pensamiento a acordarte
                otro asunto.

Apostasía   Será fuerza
                que él me le acuerde, según
                yo tengo el alma suspensa.   1190

Pensamiento   Que no dañarían mortales
                venenos a quien los beba...

Apostasía   Qué no dañaría mortales
                venenos a quien los beba...

Pensamiento   ...otro asunto fue.   1195

Apostasía	...otro asunto fue.
Fe	Pues mira
	allí a Dimas, de quien eran
	alimento los pecados,
	que venenos se interpretan
	en tantos lugares, que
	pierde el número la cuenta,
	tan al contrario triunfante,
	que si trocó Magdalena
	a las penas las delicias,
	él a delicias las penas,

Apostasía   ...otro asunto fue.

Fe   Pues mira
allí a Dimas, de quien eran
alimento los pecados,
que venenos se interpretan
en tantos lugares, que   1200
pierde el número la cuenta,
tan al contrario triunfante,
que si trocó Magdalena
a las penas las delicias,
él a delicias las penas,   1205

(Vuelve el carro, que fue monte, convertido en jardín, y Dimas en él, vestido de gala.)

pues si ella de un rico alcázar,
lleno de sumas riquezas
y sumas autoridades,
vino a una cavada peña;
él de una peña, al contrario,   1210
vino de sumas afrentas
a sumas honras de un bello
Paraíso, en cuya esfera
glorioso dice:

Dimas   Feliz
quien con sola una voz, echa   1215
de sí la mortal cicuta
de la Ira, la amarga adelfa
de la Lascivia, al dañado
tósigo de la Soberbia,
arsénico de la Envidia,   1220

beleño de la Pereza
y opio vil de la Codicia,
que bebió en tantas violencias.
Y pues un vocal suspiro
supo hacerse llave maestra,   1225
que a fuer de ladrón me abriese
del Paraíso las puertas,
no desconfíe ninguno,
por más pecados que tenga,
pues cada instante estas dichas   1230
obra...

Apostasía   ¿Quién?

(Sale la Penitencia.)

Penitencia   ...la Penitencia,
que elevada a Sacramento,
a quien sus culpas confiesa,
si allí venenos despide,
aquí demonios ahuyenta,   1235
diciendo los dos:

Los dos   Mortales:

Magdalena   Si en el pecho de cualquiera
son espíritus inmundos
las culpas...

Dimas   Si las ofensas
son en los pechos de todos   1240
venenos...

Magdalena   ...la consecuencia

| | de lo visible a invisible | |
| | pasad... | |

| Dimas | ...y el cielo... | |

| Magdalena | ...y la tierra... | |

| Los dos | ...digan, que esto a cada instante | |
| | lo obra... | |

| Apostasía | ¿Quién? | |

Todos y músicos	...la Penitencia,	1245
	que elevada a Sacramento,	
	a quien sus culpas confiesa,	
	si allí venenos despide,	
	aquí espíritus ahuyenta.	

(Con esta música desaparecen los dos.)

| Apostasía | ¡Qué asombro! | |

| Penitencia | ¡Qué confusión! | 1250 |

Fe	Pensamiento, ¿pues qué esperas,	
	para acordarle otro asunto,	
	que también su error convenza?	

Pensamiento	Aunque se me acuerdan todos,	
	el orden no se me acuerda.	1255
	Que darían salud las manos,	
	fue, sobre el enfermo puestas.	

| Apostasía | Que darían salud las manos, | |

fue, sobre el enfermo puestas.
¿Quién probará esto?

(Salen el Bautismo, y Constantino, sin manchas en rostro y manos.)

Bautismo	El Bautismo,	1260
	que siendo, como es la lepra	
	del pecado original	
	símbolo, cuya dolencia	
	cundió sus manchas en toda	
	la humana naturaleza,	1265
	menos en una divina	
	Virgen, que de gracia llena,	
	desde su primer instante	
	fue de toda culpa exenta,	
	trayéndole bueno y sano,	1270
	bien en Constantino muestra	
	exteriormente lo que	
	interiormente acontezca	
	a cuantos en sus cristales	
	lavan la mancha primera,	1275
	que el mayorazgo de Adán	
	a todos dejó en herencia.	
Constantino	Si la Lepra de Nahamán,	
	en Eliseo nos cuenta,	
	que halló en el Jordán salud,	1280
	aun antes que el Jordán fuera	
	baño de otra lepra, en quien	
	la hizo propia, siendo ajena;	
	pues por leproso notado	
	Isaías se lamenta;	1285
	¿qué mucho que yo a la sombra	
	de dos luces como estas,	

en el que hoy Sacro Jordán
es de todos, convalezca?
Cuyo hacimiento de gracias   1290
será ser el primer César
que labre templo a la Fe
y mande que nadie muera
en suplicio de cruz, pues
ya es honor el que fue afrenta.   1295
Y porque sensiblemente,
lo no sensible se crea,
del Bautismo el continuado
milagro notorio sea.

Músicos   Notorio sea...   1300

Todos y músicos   ...a cuantos en sus cristales
                        lavan la mancha primera,
                        que el mayorazgo de Adán
                        a todos dejó en herencia.

Fe   ¿Qué podrás decir ahora?   1305

Apostasía   Diré, que saber me resta,
                        quién en nuevas lenguas habla.

(Sale la Confirmación.)

Confirmación   Quien en cuestiones opuestas
                        a la verdad de la Fe,
                        cuando más estaba en ellas   1310
                        vacilante y discursivo,
                        siguió al Bautismo y en prueba
                        de que le había alcanzado,
                        retratando erradas ciencias,

se confirmó en la verdad, 1315
cuya confirmación muestra,
que habla nuevas lenguas; pues
¿qué más hablar lenguas nuevas,
que decir ayer errores
falsos y hoy verdades ciertas, 1320
siendo hoy laudes de la Fe,
las que ayer fueron ofensas?
O a su voz atiende.

(Sale Agustino.)

Agustino   No
tan solo como hombre yerra,
pero como bruto, quien 1325
no mira, no considera,
que una es la luz material,
que verse y gozarse deja
del bruto y del hombre, y otra
la espiritual, que verla 1330
no pueden ojos de carne,
sin ojos de inteligencia.
Esta es la luz de la luz,
por quien dijo el real profeta:
«en tu luz conoceremos 1335
cuál es la luz verdadera»,
y a quien «Luz de luz y Dios
de Dios» entonó la Iglesia.
No es la luz del Sol el Hijo,
que es por quien la luz fue hecha, 1340
pues sin Él no fue hecho nada,
cuando en la atribución nuestra
son, dando al Padre el Poder,
y dando al Hijo la Ciencia,

y al Espíritu el Amor,   1345
tres personas y una esencia,
en cuya confirmación,
yendo del Bautismo a ella,
en pública voz mi llanto
delata, anula y detesta   1350
de mis pasados errores
la ignorancia, porque sea
ejemplar mi vida a cuantos
mis Retractaciones lean,
y lean mis Confesiones,   1355
cuánto mejora en su enmienda
quien juró, como no jure;
quien mintió, como no mienta;
quien murmuró, como alabe,
y quien trató humanas ciencias,   1360
como trate las divinas.

Fe   ¿Qué más hablar nuevas lenguas?

Músicos   ¿Qué más hablar nuevas lenguas,
                      que decir ayer errores
                      falsos y hoy verdades ciertas,   1365
                      siendo hoy laudes de la Fe
                      las que ayer fueron ofensas?

Pensamiento   Con todo esto, quién aparta
                      a las serpientes te queda
                      por saber.   1370

Apostasía   Con todo eso, quién aparta
                      a las serpientes me queda
                      por saber.

| Fe | Tú lo sabrás, |
| | cuando oigas... |

(Dentro, Saulo.)

Saulo	Víbora fiera,
	que de la brasa a la mano	1375
	has pasado, vuelve a ella,
	sin que tu mortal ponzoña
	dos veces ardiente muerda.

| Apostasía | ¿Qué es aquello? |

(Sale la Comunión.)

Comunión	Estando Saulo
	calentándose a una hoguera,	1380
	saltó, huyendo de la llama,
	desde la encendida leña,
	una víbora a su mano;
	él, sin que voraz le ofenda,
	sacudiéndola de sí,	1385
	al fuego la volvió.

(Sale Saulo.)

Saulo	En muestra
	de que el antídoto tuyo,
	no solamente preserva
	exteriores mordeduras;
	pero hace clara evidencia	1390
	de que interiores serpientes
	aun dentro del pecho pierdan
	la saña, pues el que en él

	llevó víboras y letras,	
	víboras y letras hoy	1395
	arroja al fuego.	

Apostasía   Oye, espera;
                  ¿cómo al fuego las arrojas,
                  si aún en el pecho las llevas,
                  pues las letras que te dio
                  la sinagoga son estas.   1400

(Sácale unos papeles del pecho, y Saulo se los quita de la mano.)

Saulo   Engáñaste, que no es
                  el papel que a mirar llegas,
                  sino una epístola, que
                  del mayor misterio llena,
                  escribo a los de Corinto.   1405

Comunión   Para que él y el mundo vean,
                  que no sin pía afección,
                  como a quien ha de ser de ella
                  su más alto coronista,
                  la Comunión te reserva,   1410
                  y que su antídoto abrasa
                  letras y víboras. Léela.

Saulo (Lee.)   «Ya convenidos en uno,
                  no es la dominica cena,
                  hermanos, la que no más   1415
                  que en saciar el hambre piensa,
                  de que resulta tal vez
                  que alguno en la gula exceda,
                  y alguno exceda en el Juicio.
                  Y pues en las casas vuestras,   1420

para comer y beber
ya tenéis las mesas puestas,
no a comer y beber solo
vengáis a la Sacra Mesa
de la Iglesia, convidados, 1425
en desprecio de la Iglesia
y en confusión de quien no
la goza: en cuya materia
no sé que os diga, que aunque
en otra os alabe, fuerza 1430
es, que en esto no os alabe.
Y porque hagáis diferencia
de una mesa a otra, sabed,
que lo que el Señor me entrega,
y yo os entrego a vosotros, 1435
es su Carne y Sangre mesma;
porque la noche que había
de ser entregado, hechas
las gracias, tomando el pan,
en sus puras manos tersas, 1440
le bendijo y le partió,
diciendo en palabras tiernas:
tomad y comed, que este
es mi Cuerpo, que hoy a penas
se entregará por vosotros; 1445
esto haced en reverencia
de mi conmemoración.
Y de la misma manera
tomando el cáliz, después
que hubo acabado la cena, 1450
dijo: este en mi Sangre es Nuevo
Testamento; y así, aquella
y esta conmemoración
haced; mas con advertencia,

que siempre que de este Pan   1455
gustéis, y este Cáliz, sea
anunciando de mi muerte
la memoria, hasta que venga.
Con que el que no dignamente
tal Pan coma, y Cáliz beba,   1460
tenga entendido que es
reo de la Carne mesma
de Dios, reo de su Sangre;
y así, pruébese cualquiera
dentro de sí mismo, antes   1465
que, ni a comerle se atreva,
ni a beberle, sin que mire,
sin que note y sin que tema
que bebe y come su juicio;
bien como muchos que enferman   1470
débiles entre vosotros,
y aun mueren, porque se arriesgan
a comerle, sin hacer
juicio de sí; y así, alerta,
mortal, reprendete tú   1475
antes que Dios te reprenda;
pues para no ser juzgado,
juzgarte tú mismo es fuerza.»

Todos y músicos   Alerta, alerta,
                         mortal, reprendete tú,   1480
                         antes que Dios te reprenda;
                         pues para no ser juzgado,
                         juzgarte tú mismo es fuerza.

Apostasía   Cuando sea lo historial
                         todo eso, Saulo, que cuentas,   1485
                         ¿quién me asegura de que

en carne el pan se convierta
y el vino en sangre, en quien Cristo
esté con real asistencia?

(Sale el Orden sacerdotal.)

Orden sacerdotal   El Orden Sacerdotal,   1490
pues por indigno que sea
y pecador el que una
vez al sacerdocio llega,
en diciendo las palabras
que Cristo dijo, no quedan   1495
más en las especies que
los accidentes de verlas,
de gustarlas y tocarlas,
sin que haya sustancia en ellas
de pan ni vino, sino   1500
de Carne y Sangre.

(Sale el Matrimonio.)

Matrimonio   Y pues esta
maravilla cada día
el sacerdote celebra,
añadiendo este milagro
a los cinco, porque sepas   1505
que no hay sacramento que
altos prodigios no tenga,
¿qué mayor que el continuado
milagro de la licencia
que Dios le dio al matrimonio,   1510
para que sin culpa vea
en cada nuevo embrión
infundir un alma nueva,

siendo milagro el que nazca,
el que viva y el que crezca?   1515

(Sale la Extrema unción.)

Extrema Unción   Y cuando a larga o a corta
                    vida el nudo se disuelva
                    de cuerpo y alma, ¿qué más
                    milagro, qué más grandeza
                    que haber para aquella hora,   1520
                    en la última, la extrema
                    necesidad, unción, que
                    de las reliquias que dejan
                    el olvido o la omisión
                    los achaques convalezcan?   1525

Apostasía   Aunque todos me arguyáis,
                    contra todos...

Fe   Ten la lengua,
                    que antes que negar presumas
                    verdades tan manifiestas,
                    será ponerte perpetuo   1530
                    silencio primer sentencia.

(Toma una espada.)

Confirmación   ¿No será mejor que yo,
                    pues le da mi fortaleza
                    al que en la Fe se confirma
                    contra sus contrarios fuerza,   1535
                    tome la desnuda espada
                    contra él?

Extrema Unción	¿O que yo encienda	
	la oliva que me da el óleo	
	para que en sagrada hoguera	
	sienta ver que para él arda	1540
	cuando para otros florezca?	
Fe	No, porque antes que pronuncie	
	ese último anatema,	
	hechas primera y segunda	
	monición, es la tercera	1545
	darle, para que me pida	
	misericordia, otra espera.	
	Y así, trata aprovecharla,	
	pues te la da mi clemencia,	
	si antes para que lo pienses,	1550
	ahora para que lo creas.	

(Vase.)

Comunión	Ya que su misericordia	
	tercer plazo le conceda,	
	pues su error fue un solo breve	
	paréntesis de mi fiesta,	1555
	para que no quede ufano	
	de que pudo suspenderla,	
	a ella volvamos.	
Todos	Bien dices;	
	vamos tras la Fe a ponerla	
	en el carro que ya estaba	1560
	prevenido para ella.	

(Vanse.)

Orden sacerdotal	Id, en tanto que yo voy
	a preveniros las mesas,
	que de la festividad
	coronen el triunfo.

(Vase.)

Apostasía   ¿Qué Etna,   1565
qué Vesubio, qué volcán
es el que en el pecho engendra
una nieve que le abrasa,
una llama que le hiela,
tan poderosas, que el labio   1570
balbuciente, que la lengua
trabada, torpe la voz,
helada la planta, ciega
la vista, todo delira,
todo arde y todo tiembla?   1575
Mas ¿qué mucho, si a pedazos
el corazón se me quiebra
que como príncipe que es
de sentidos y potencias,
al verle agonizar haga,   1580
al verle expirar prevenga,
turbado todo el viviente
vasallaje las exequias?

(Dentro, chirimías.)

Y más al ver que del Monte
Selmón, que David celebra   1585
por monte de Dios, en cuya
elevada cumbre excelsa
le vio el cielo en su carroza

	cercado de ninfas bellas,	
	que le cantaba la gala	1590
	su triunfo, la Fe me acuerda,	
	pues en real trono, asistida	
	no solamente de aquellas	
	virtudes que timpanistrias	
	festivas el plaustro cercan,	1595
	se deja ver, mas de aquellos	
	que de nuestra conferencia	
	ejemplos fueron, mostrando	
	que de aquella edad primera	
	visibles milagros, hoy	1600
	son invisibles en esta;	
	con que es fuerza, convencido,	
	que ellos digan y yo sienta:	
Fe	Vengan todos...	
Todos y músicos	Todos vengan...	
Fe	...donde sepan todos...	1605
Todos y músicos	...donde todos sepan...	
Fe	...que el siempre felice día...	
Todos y músicos	...que el siempre felice día...	
Fe	...que al cielo ofrece la tierra...	
Todos y músicos	...que al cielo ofrece la tierra...	1610
Fe	...No hay instante sin milagro en los triunfos de la Iglesia.	

(Todos y músicosNo hay instante sin milagroen los triunfos de la Iglesia. Con esta música salen en tropa Músicos y Sacramentos delante, y luego la Fe en un carro triunfal, que ha de atravesar el tablado, tirando de unas bandas, que han de llevar Magdalena, Dimas, Saulo, Constantino y Agustino.)

Apostasía	¡Ay de mí, infeliz! Que al ver	1615
	que hacia nosotros se acercan,	
	no hay pensamiento, ira o furia	
	de cuantos ellos desechan	
	que en mí no revistan, pues	
	espíritus me atormentan	1620
	y venenos me atosigan,	
	y sobre entrañable lepra	
	no hay serpiente que no roa	
	ni víbora que no muerda.	
	¿Qué he de hacer?	
Pensamiento	Si alguna vez	1625
	el Pensamiento consuela	
	al triste, pues que ya sabes	
	el remedio, no le pierdas;	
	acude donde acudieron	
	los demás.	
Apostasía	Bien me aconsejas,	1630
	y así con ellos diré:	
	Todos vengan...	
Todos y músicos	Todos vengan...	
Apostasía	...donde sepan todos...	
Músicos	...donde todos sepan...	

Apostasía	...que la ciega Apostasía,	1635
	a los pies de la Fe puesta,	
	confesando lo visible,	
	lo no visible confiesa...	

(Postrado a los pies del carro.)

Él, todos y Músicos	...que el siempre felice día	
	que al cielo ofrece la tierra,	1640
	No hay instante sin milagro	
	en los triunfos de la Iglesia.	
Fe	De tu reconciliación	
	las gracias me doy, contenta	
	de ver cuánto esta enseñanza	1645
	advierte para la enmienda;	
	y supuesto que hoy es día	
	de indulto y de indulgencia,	
	para que tengas de mí	
	saludable penitencia,	1650
	vestida la nupcial ropa	
	ven a donde nos espera	
	el Orden Sacerdotal,	
	la Mesa puesta.	

(Ábrese el otro carro, y véese el Orden sacerdotal y delante de él un altar con Hostia y Cáliz.)

Orden sacerdotal	Y en ella	
	el Pan de Vida, que fue	1655
	fineza de las finezas	
	de Dios, que amando hasta el fin,	
	dijo que quien le comiera	

	no moriría en eterno.	
Magdalena	Así dijo a Magdalena.	1660
Dimas	Y así en mí lo cumplió, pues fue al fin mi ventura eterna.	
Saulo	Dígalo yo, que lo escribo.	
Constantino	Y yo, pues salud perfecta gocé por él.	
Agustino	Y yo, pues por él hablé nuevas lenguas.	1665
Bautismo	Felice yo, pues abrí a tantas dichas las puertas.	
Confirmación	Felice yo, que el esfuerzo doy a quien entra por ellas.	1670
Penitencia	Felice yo, pues no hay delito que yo no absuelva.	
Comunión	Felice yo, pues soy quien vuestros méritos aumenta.	
Extrema Unción	Felice yo, que corono el fin de las obras vuestras.	1675
Matrimonio	Felice yo, pues en gracia crezco a la naturaleza.	
Orden sacerdotal	Dichoso yo, pues soy quien	

	vuestros tesoros dispensa.	1680
Apostasía	Y más que todos felice	
	yo, que aunque a la hora postrera	
	llegué, merezco cabal	
	el sueldo de mi tarea.	
Fe	Pues ya que todos felices	1685
	os publicáis, de la fiesta	
	prosiga el triunfo...	
Todos	...diciendo	
	todos a las plantas vuestras:	
Todos y músicos	Vengan todos,	
	todos vengan,	1690
	donde sepan todos,	
	donde todos sepan,	
	que el siempre felice día	
	que al cielo ofrece la tierra,	
	No hay instante sin milagro	1695
	en los triunfos de la Iglesia.	

(Con esta repetición y chirimías pasa el carro triunfal, atravesando el tablado, y da fin el Auto.)

Libros a la carta

A la carta es un servicio especializado para

empresas,

librerías,

bibliotecas,

editoriales

y centros de enseñanza;

y permite confeccionar libros que, por su formato y concepción, sirven a los propósitos más específicos de estas instituciones.

Las empresas nos encargan ediciones personalizadas para marketing editorial o para regalos institucionales. Y los interesados solicitan, a título personal, ediciones antiguas, o no disponibles en el mercado; y las acompañan con notas y comentarios críticos.

Las ediciones tienen como apoyo un libro de estilo con todo tipo de referencias sobre los criterios de tratamiento tipográfico aplicados a nuestros libros que puede ser consultado en Linkgua-ediciones.com.

Linkgua edita por encargo diferentes versiones de una misma obra con distintos tratamientos ortotipográficos (actualizaciones de carácter divulgativo de un clásico, o versiones estrictamente fieles a la edición original de referencia).

Este servicio de ediciones a la carta le permitirá, si usted se dedica a la enseñanza, tener una forma de hacer pública su interpretación de un texto y, sobre una versión digitalizada «base», usted podrá introducir interpretaciones del texto fuente. Es un tópico que los profesores denuncien en clase los desmanes de una edición, o vayan comentando errores de interpretación de un texto y esta es una solución útil a esa necesidad del mundo académico.

Asimismo publicamos de manera sistemática, en un mismo catálogo, tesis doctorales y actas de congresos académicos, que son distribuidas a través de nuestra Web.

El servicio de «libros a la carta» funciona de dos formas.

1. Tenemos un fondo de libros digitalizados que usted puede personalizar en tiradas de al menos cinco ejemplares. Estas personalizaciones pueden ser de todo tipo: añadir notas de clase para uso de un grupo de estudiantes, introducir logos corporativos para uso con fines de marketing empresarial, etc. etc.

2. Buscamos libros descatalogados de otras editoriales y los reeditamos en tiradas cortas a petición de un cliente.

www.ingramcontent.com/pod-product-compliance
Lightning Source LLC
Chambersburg PA
CBHW021141020426
42331CB00005B/855